Summary Sommaire

Églises et sanctuaires du Québec

Churches and Shrines of Québec 2

La basilique-cathédrale Marie-Reine-du-Monde

Basilica-Cathedral of Mary Queen of the World 4

La basilique Notre-Dame

Notre-Dame Basilica 10

La chapelle Notre-Dame-de-Bon-Secours

Notre-Dame-de-Bon-Secours Chapel 16

L'oratoire Saint-Joseph

Saint-Joseph's Oratory 22

La basilique Saint-Patrick

St Patrick's Basilica 28

Le sanctuaire de Sainte-Anne-de-Beaupré

Shrine of Sainte-Anne-de-Beaupré 32

La basilique-cathédrale Notre-Dame-de-Québec

Basilica-Cathedral Notre-Dame-de-Québec 38

Le sanctuaire Notre-Dame-du-Cap

Notre-Dame-du-Cap Sanctuary 44

Lorsqu'en 1534, Jacques Cartier débarqua en Gaspésie et prit possession du continent au nom du roi de France, son premier geste fut de planter une croix. L'explorateur tissait ainsi le premier lien qui devait unir la Nouvelle-France, et plus tard, le Québec, à l'Église catholique.

Après lui vinrent les prêtres-missionnaires, qui se firent aussi défricheurs, bâtisseurs, enseignants, et qui participèrent activement à la fondation de la colonie. Bientôt, la Nouvelle-France fut parsemée de chapelles et d'églises, primitives ou élaborées.

Il reste peu de ces premiers exemples d'architecture religieuse. À Québec, l'église Notre-Dame-des-Victoires est l'une des plus anciennes de la province. Datant de 1688, cet élégant édifice de pierre domine la place Royale dans la basse ville. À Montréal, l'église de la Visitation-de-la-Bienheureuse-Vierge-Marie, plus connue sous le nom d'église du Sault-au-Récollet, fut construite entre 1749 et 1752 et demeure la plus ancienne église de l'île. Le décor intérieur, très élaboré, est l'œuvre de plusieurs artistes réputés.

Considérée comme l'un des plus beaux exemples de mobilier liturgique réalisés au Québec, la chaire richement décorée est due à Vincent Chartrand, le tabernacle est attribué à Philippe Liébert et la voûte de turquoise et d'or à David Fleury David.

L'église Notre-Dame-des-Victoires, sur la place Royale à Québec.
Notre-Dame-des-Victoires Church at Québec City's Place.

In 1534, when Jacques Cartier landed in Gaspé and claimed the continent on behalf of the king of France, the first thing he did was to put up a cross. In the process, he laid the cornerstone of a relationship that would bind New France and later, Québec to the Catholic Church.

Missionary priests soon followed the explorer to the new world. They cleared the land, built, taught and, otherwise, actively worked to establish the colony. Before long, New France was dotted with chapels and churches, some of which were primitive, others quite elaborate.

Today, few of these examples of early religious architecture are left. In Québec City, Notre-Dame-des-Victoires Church is one of the oldest in the province. Dating back to 1688, this elegant stone structure dominates Place Royale in the Lower Town area. Built between 1749 and 1752, Montréal's Visitation-de-la-Bienheureuse-Vierge-Marie Church, better known as Sault-au-Récollet Church, is the oldest on the island. Its highly-ornate interior is credited to a number of well-known artists.

Considered one of the finest examples of liturgical furnishings produced in Québec, the richly decorated choir loft is the work of Vincent Chartrand. The tabernacle was produced by artist Philippe Liébert, while David Fleury David created the turquoise and gold vault.

Comme en Europe, l'art religieux fut pendant longtemps la principale, sinon la seule, avenue possible pour les artistes de s'exprimer. La construction de grandes cathédrales encouragea le développement des arts et permit à des architectes, des peintres et des sculpteurs comme les Baillairgé de graver leur nom dans l'histoire.

Aujourd'hui, ces lieux de prière sont les reposoirs du patrimoine culturel québécois. Ornées de magnifiques vitraux, d'exquises sculptures, de tableaux historiques, ces oasis de calme et de beauté réunissent les amateurs d'art et les fidèles dans une même paix.

Si les cathédrales sont le reflet de la grandeur de l'Église, la construction de sanctuaires comme Sainte-Anne-de-Beaupré près de Québec, Notre-Dame-du-Cap à Cap-de-la-Madeleine et l'oratoire Saint-Joseph à Montréal est l'expression de la foi profonde des Québécois.

L'église du Sault-au-Récollet. - *Sault-au-Récollet Church.*

Ces lieux de pèlerinage ont souvent pris naissance d'humble façon, sous l'inspiration d'un saint homme, comme le frère André qui bâtit l'oratoire Saint-Joseph, ou à la suite d'un miracle. Portés par la ferveur populaire, ces sites attirent aujourd'hui des millions de pèlerins du monde entier.

Richement décorés, entourés de jardins manucurés, les sanctuaires du Québec font partie, avec les cathédrales et les basiliques, de l'itinéraire culturel et religieux auquel vous convie ce livre.

As in Europe, religious art was, for a long time, the leading, if not the only avenue of expression open to artists. The construction of large cathedrals encouraged the development of the arts and allowed architects, painters and sculptors like the Baillargé to leave their mark in history.

Today, these places of worship are the altars of Québec's cultural heritage. Highlighted by magnificent stained glass windows, exquisite sculptures and historic paintings, these havens of peace and beauty provide a soothing environment for art lovers and the faithful alike.

While these cathedrals reflect the stature of the Church, the construction of sanctuaries such as Sainte-Anne-de-Beaupré near Québec City, Notre-Dame-du-Cap at Cap-de-la-Madeleine and St. Joseph's Oratory in Montréal are expressions of the deep faith of the people of Québec.

These pilgrimage sites have often had humble beginnings, inspired by holy men like Brother André who built St. Joseph's Oratory, or by a miracle. Every year, millions of pilgrims from around the world are drawn to these sites by religious fervor.

Ornately decorated and surrounded by manicured gardens, Québec's sanctuaries, along with the province's cathedrals and basilicas, are in this book's cultural and religious tour.

La basilique - cathédrale Marie-Reine-du-Monde, sur le boulevard René-Lévesque.
The Basilica-Cathedral of Mary Queen of the World on René-Lévesque Boulevard.

Îlot de sérénité au milieu de la fébrilité du centre-ville, la basilique-cathédrale Marie-Reine-du-Monde partage le boulevard René-Lévesque avec les gratte-ciel et les grands hôtels, sans rien perdre de sa majesté. Une ceinture de verdure met en valeur ses formes d'inspiration renaissance italienne que l'on reconnaît immédiatement, puisqu'elles sont inspirées par l'église la plus célèbre du monde, Saint-Pierre de Rome.

De dimension plus modeste - 100 m de long au lieu de 215 m pour la basilique vaticane -, la cathédrale Marie-Reine-du-Monde est un symbole de l'union étroite entre l'Église catholique canadienne et le Saint-Siège.

Un violent incendie, qui détruisit l'ancienne cathédrale, l'évêché et plus de 1 000 maisons dans le faubourg Saint-Denis en 1852, donna à monseigneur Ignace Bourget l'opportunité de réaliser le rêve qu'il caressait depuis longtemps, celui de doter Montréal d'une cathédrale grandiose. Visionnaire, il pressentit que le centre de la ville allait se déplacer vers l'ouest. Aussi choisit-il de construire le nouveau siège de l'évêché dans Saint-Antoine, établissant ainsi la suprématie de l'Église catholique dans un quartier anglophone et protestant.

Victor Bourgeau se vit confier les plans de la nouvelle cathédrale et il fut aidé dans sa tâche par le père Michaud, un architecte autodidacte. La construction de la cathédrale se déroula de 1870 à 1894 et fut maintes fois interrompue par le manque de fonds, les conditions économiques étant alors difficiles. Malgré son grand âge, monseigneur Bourget poursuivit sans cesse la levée de fonds. Malheureusement, il ne put voir la réalisation de son rêve et c'est dans une cathédrale inachevée que son corps fut inhumé en 1885.

Aujourd'hui, son mausolée en bronze trône au milieu de la chapelle mortuaire des évêques et sa mémoire est honorée par un monument à l'ouest du parvis. Cette statue est l'œuvre du sculpteur Philippe Hébert. D'autres statues couronnent la corniche de l'élégante façade. Réalisées par Joseph Olindo Gratton, elles ne représentent pas les apôtres, comme à Rome, mais les saints des paroisses qui les ont offertes au diocèse.

An island of serenity amidst the hustle and bustle of downtown Montréal, Mary Queen of the World Cathedral shares René-Lévesque Boulevard with the city's skyscrapers and major hotels without losing any of its majesty. A green belt provides a setting for this building whose Italian Renaissance styling is immediately recognizable, since it was inspired by the world's most famous church, St. Peter's in Rome.

Smaller than the Vatican's basilica — 100 metres rather than 215 metres in length — Mary Queen of the World Cathedral is a symbol of the close ties that bind Canada's Catholic Church to the Holy See.

In 1852, a devastating fire destroyed the old cathedral, the bishop's palace and more than 1,000 homes in the Saint-Denis district. This event provided Bishop Ignace Bourget with the opportunity to fulfill a long-cherished dream — to give Montréal a magnificent cathedral. Predicting that the city would be developing westward, this visionary chose to build the new seat of the diocese in the Saint-Antoine District, thereby establishing the supremacy of the Catholic Church in an Anglo-Protestant area.

Plans for the new cathedral were produced by Victor Bourgeau with the assistance of Father Michaud, a self-taught architect. Extending from 1870 to 1894, construction of the cathedral was interrupted a number of times by lack of funds, since the economic conditions of the day were difficult. Despite his years, Bishop Bourget continued to raise funds for his project. Unfortunately, he did not live to see his dream fulfilled. In 1885, he was laid to rest in an uncompleted cathedral.

Today, his bronze mausoleum is at the centre of the Bishop's Mortuary Chapel while a monument in his memory, the work of sculptor Philippe Hébert, stands west of the parvis. Other statues by Joseph Olindo Gratton adorn the cornice of the elegant facade. Unlike the basilica in Rome, however, these do not represent the apostles but, rather, the patron saints of the parishes that donated them to the diocese.

Plus sobre, moins riche mais aussi moins chargé que Saint-Pierre de Rome, l'intérieur de la cathédrale Marie-Reine-du-Monde baigne dans une douce lumière dorée, qui met en valeur la voûte à caissons. Sous la coupole se dresse le baldaquin, reproduction fidèle du chef-d'œuvre de Bernini, réalisé par Victor Vincent au tournant du siècle. Les colonnes torsadées sont de cuivre rouge ouvragées à la main et décorées à la feuille d'or. S'élevant au-dessus du maître-autel, le baldaquin attire l'œil vers les quatre évangélistes, peints par Jules Bernardin et Raoul Rioux, qui décorent la coupole.

Les peintures de l'abside représentent trois scènes de la vie du Christ et les paroles de Jésus, «Tu es Pierre et sur cette pierre, je bâtirai mon église...», ornent la frise. Les autres textes que l'on peut lire autour de la grande nef font référence à la vie de saint Jacques le Majeur, à qui était dédiée la cathédrale avant qu'elle prenne son nom actuel en 1955. Au fond de l'abside se dresse une très belle statue de bois représentant la Vierge Marie, reine de l'univers. Semblant flotter dans les airs, cette œuvre aux lignes épurées a été conçue et réalisée par Sylvia Daoust, célèbre artiste canadienne du xxᵉ siècle.

Des quatre chapelles de la basilique, la plus remarquable est certainement la chapelle mortuaire qui contient la dépouille de tous les évêques et archevêques du diocèse, ainsi que les cardinaux Paul-Émile Léger et Paul Grégoire. Les murs et le parquet de marbre italien sont ornés de mosaïques polychromes incrustées d'or. Également de marbre, les fonts baptismaux sont surmontés d'une impressionnante croix, œuvre du sculpteur Philippe Hébert.

Le baldaquin du Bernini. - *Bernini`s baldachin*

More subdued, less ornate and less cluttered than that of St. Peter's in Rome, the interior of Mary Queen of the World Cathedral basks in a soft golden light that enhances the coffered vault. Beneath the Cupola is the baldachin, a faithful reproduction of Bernini's masterpiece produced by Victor Vincent at the turn of the century. Made of hand-worked red copper, its twisted columns are adorned with gold leaf. Rising above the high altar, the baldachin draws the viewer's eye towards the four evangelists painted on the Cupola by Jules Bernardin Raoul Rioux.

The paintings in the apse depict three scenes from the life of Christ while the words of Jesus "You are Peter and on this rock, I will build my church..." adorn the frieze. Other texts appearing in the nave refer to the life of St. James the Greater to whom the cathedral was dedicated before it took on its current name in 1955. At the back of the apse stands a beautiful statue of the Blessed Virgin, Queen of the Universe. Distinguished by its clean lines, this work by Sylvia Daoust, a renowned 20th-century Canadian artist, appears to be floating on air.

Of the basilica's four chapels, the most remarkable is undoubtedly the Bishops' Mortuary Chapel which is the resting place of all of the diocese's bishops and archbishops, including Cardinals Paul-Émile Léger and Paul Grégoire. Its Italian marble walls and floor feature multicoloured mosaic with gold inlays. Rising above the marble baptismal fonts is an impressive cross by sculptor Philippe Hébert.

La nef de la cathédrale, vue du balcon. - *View of the cathedral`s nave from the balcony.*

Le tableau de la bienheureuse Marguerite Bourgeoys.
Painting of Blessed Marguerite Bourgeoys

Les arcades du transept et des bas-côtés sont décorées de larges tableaux historiques. Illustrant la fondation de Ville-Marie et l'évangélisation des Amérindiens, ils sont dus pour la plupart à Georges Delfosse. On peut voir, entre autres, sainte Marguerite Bourgeoys «enseignant les jeunes sauvages», comme l'indique la légende au bas du tableau.

S'il y a 100 ans l'épiscopat montréalais voulait rendre hommage à l'église-mère du catholicisme en choisissant d'émuler Saint-Pierre de Rome, la basilique-cathédrale Marie-Reine-du-Monde a acquis depuis ses propres lettres de noblesse et s'est rendue chère au cœur des Montréalais.

Large historic paintings decorate the arches of the transept and side aisles. Illustrating the founding of Ville-Marie and the evangelization of the Amerindians, most are the work of Georges Delfosse. One of these shows Blessed Marguerite Bourgeoys teaching the Indian children, as noted on the caption at the bottom of the painting.

One hundred years ago, wishing to pay tribute to the Mother Church of Catholicism, the bishop of Montréal chose to reproduce Rome's St. Peter's Basilica. Today, Mary Queen of the World Cathedral has come into its own, earning a cherished place in the hearts of Montrealers.

Le dôme de la cathédrale. - *The dome of the cathedral*

La statue de Marie-Reine-du-Monde.
The statue of Mary Queen of the World

La chapelle mortuaire des évêques. - *The Bishops' Mortuary Chapel*

La basilique Notre-Dame, rue Notre-Dame dans le Vieux-Montréal. - *Notre-Dame Basilica, on Notre-Dame Street in Old Montréal*

Bien que datant du XIXe siècle, la basilique Notre-Dame de Montréal est la digne descendante des grandes cathédrales du Moyen-Âge. Comme Chartres ou Notre-Dame de Paris, elle fut érigée par la ferveur et la piété populaires. Sa construction s'étala sur de nombreuses années et refléta le talent et l'inspiration des artistes et des artisans du temps. Comme ses consœurs européennes, elle fut le centre de la vie religieuse et culturelle. Sa silhouette élégante domina la ville pendant longtemps.

Aujourd'hui, malgré les grands édifices qui l'entourent, la basilique Notre-Dame conserve toute sa majesté d'antan. Ses deux tours jumelles s'élèvent au-dessus de la place d'Armes, au cœur du Vieux-Montréal.

Construite entre 1824 et 1829, la basilique Notre-Dame est l'œuvre d'un architecte irlandais et protestant, James O'Donnell. Établi à New York, il jouissait alors d'une excellente réputation en matière de style gothique. Cette église devait remplacer l'église s'élevant alors dans l'axe de la rue Notre-Dame. Elle est devenue trop petite, elle obligeait nombre de fidèles à entendre la messe dans la rue. De cette église de style baroque, il ne reste que le maître-autel, attribué au sculpteur Louis Quévillon, qui orne maintenant la chapelle Sainte-Marguerite d'Youville dans la basilique.

Décédé en 1830, O'Donnell n'eut pas le plaisir de voir son œuvre achevée. Mais s'étant converti au catholicisme avant de mourir, il put être enterré sous la basilique. L'emplacement est indiqué par une plaque de marbre.

L'architecte John Ostell termina la construction des tours en 1843. La tour est, appelée Tempérance, mesure 61 m de hauteur et abrite un carillon de 10 cloches. Dans la tour ouest, baptisée Persévérance et haute de 63 m, loge le gros bourdon. Cette célèbre cloche d'airain, surnommée Jean-Baptiste et pesant 11 263 kg, ne résonne que pour les grandes occasions.

À la sobre élégance de l'extérieur succède un fabuleux décor polychrome à l'intérieur. Confiée à Victor Bourgeau, la décoration employa une cinquantaine d'artisans entre 1872 et 1880 ainsi que la participation des plus grands artistes du temps.

Le maître-autel. - *The high altar*

Though dating back to the 19th century, Montréal's Notre-Dame Basilica is a worthy descendant of the great cathedrals of the Middle Ages. Like Chartres or Notre-Dame in Paris, it was erected in response to the fervor and piety of the people. Its construction, staggered over a number of years, reflects the talents of the artists and craftsmen of the day. Like the European institutions, it was the centre of religious life and culture. Its elegant silhouette long dominated the city.

Today, despite the large buildings which have sprung up around it, Notre-Dame Basilica still retains the majesty of its early years, its twin towers rising above Place d'Armes at the heart of Old Montréal.

Built between 1824 and 1829, Notre-Dame Basilica is the work of James O'Donnell. An Irish Protestant architect from New York, he had earned an excellent reputation for Gothic architecture. This church replaced the one which had previously stood right in the middle of Notre-Dame Street. It had become too small to accommodate the growing number of faithful, many of whom were required to stand in the street to attend mass. Only the high altar crafted by sculptor Louis Quévillion remains of this original church. It is now housed in the basilica St. Marguerite d'Youville's chapel.

O'Donnell died in 1830 before his masterpiece was completed. However, as he had converted to Catholicism before his death, he was buried beneath the basilica. The location of his tomb is marked by a marble plaque.

Architect John Ostell completed the construction of the towers in 1843. The East Tower, known as "The Temperance", is 61 metres in height and holds a ten-bell carillon while the West Tower, called "The Perseverance", houses "Le Gros Bourdon", a huge bronze bell nicknamed "Jean-Baptiste". It weighs 11,263 kg and only rings out on important occasions.

The subdued elegance of the exterior gives way to the interior's magnificent polychrome decor. The interior decor was entrusted to Victor Bourgeau who enlisted the services of some fifty artisans between 1872 and 1880. He also sought the contribution of some of the finest artists of the day.

La nef centrale de la basilique. - *The central nave of the basilica*

Les confessionnaux. - The confessionals

La voûte, constellée d'étoiles de feuilles d'or, est percée de trois rosaces en verre peint. Les flamboyants vitraux du rez-de-chaussée retracent l'histoire de Ville-Marie et furent exécutés à Limoges, selon les dessins de Jean-Baptiste Lagacé.

Semblant se découper sur un ciel bleu d'azur, le maître-autel est surmonté d'un retable impressionnant, issus tous deux de l'atelier du sculpteur Henri Bouriché.

Le chemin de croix est le quatrième à orner les murs et a été peint par la maison Champigneulle. Les grands tableaux entourent de remarquables confessionnaux de style gothique. Dessinée par Bourgeau et sculptée en noyer noir, la chaire incorpore plusieurs statues de Philippe Hébert, dont celles de Ézéchiel et Jérémie à la base. À droite de l'entrée se dresse le baptistère, décoré par Ozias Leduc.

Œuvre des frères Casavant de Saint-Hyacinthe, l'orgue est un des plus grands en Amérique. Comprenant 7 000 tuyaux et 97 jeux, il fut inauguré le jour de Pâques 1891. Des récitals d'orgue sont donnés régulièrement et, chaque Noël, la basilique résonne du *Messie* de Haendel.

The vault, dotted with gold-leaf stars, is perforated by three rose windows of painted glass. The flamboyant stained glass windows on the ground floor trace the history of Ville-Marie. They were produced in Limoges from designs by Jean-Baptiste Lagacé.

Appearing to rise into a blue sky, the high altar stands beneath an impressive altarpiece. Both the altar and the altarpiece are from the workshop of sculptor Henri Bouriché.

The Way of the Cross is the fourth to adorn the walls. It was painted by the Champigneulle firm. Large paintings surround the stunning Gothic-style confessionals. Designed by Bourgeau and sculpted from black walnut, the pulpit incorporates several statues by Philippe Hébert, including Ezekiel and Jeremiah at the base. The baptistery to the right of the entrance was decorated by Ozias Leduc.

The work of the Casavant brothers of St. Hyacinthe, the basilica's organ is one of the largest in North America. Featuring 7,000 pipes and 97 stops, it was inaugurated on Easter Sunday, 1891. Organ recitals are held on a regular basis, and every Christmas, Handel's Messiah rings out throughout the basilica.

L'orgue de la basilique. - *The basilica's organ*

La chapelle du Sacré-Cœur. - *Sacré-Coeur Chapel*

Derrière le chœur, la chapelle du Sacré-Cœur fut ajoutée à la fin du XIXᵉ siècle et était un étonnant mélange de styles gothique, baroque et byzantin. Un incendie la détruisit presque entièrement en 1978. Reconstruite en bois de tilleul, elle incorpore des vestiges de l'ancienne chapelle restaurés minutieusement avec des éléments modernes, dont un imposant retable de Charles Daudelin. Composé de 32 panneaux de bronze pesant plus de 20 tonnes, il représente la difficile ascension de l'homme vers le ciel.

Véritable galerie d'art religieux, la basilique Notre-Dame possède un charme tout à fait personnel et irrésistible. Sa beauté et la richesse de ses ornements n'ont pas d'équivalent.

Restauration de la chapelle. - *Restoration of the chapel*

Added in the late 19th century, the Sacré-Coeur Chapel located behind the choir is a striking blend of Gothic, Baroque and Byzantine styles. The chapel was severely damaged by a fire in 1978. Rebuilt of linden wood, it integrates meticulously restored remnants of the original chapel with modern elements, including an impressive altarpiece by Charles Daudelin. Consisting of 32 bronze panels weighing more than 20 tons, it depicts man's difficult ascension into heaven.

A genuine gallery of religious art, Notre-Dame Basilica has a thoroughly individual and irresistible charm. Its beauty and rich ornamentation are unequalled.

La murale de la chapelle du Sacré-Cœur. - *Mural of the Sacré-Coeur Chapel*

La chapelle Notre-Dame-de-Bon-Secours, rue Saint-Paul. - *Notre-Dame-de-Bonsecours Chapel on St. Paul Street*

Remarquable de simplicité et d'élégance, la chapelle Notre-Dame-de-Bon-Secours est située au cœur du Vieux-Montréal. Son clocher de cuivre, surmonté d'une statue de la Vierge ouvrant les bras, domine le port.

Si l'édifice actuel date du XVIIIe siècle, son histoire remonte aux débuts de la colonisation. On commença la construction d'une première chapelle sur le site en 1657, à l'instigation de Marguerite Bourgeoys, fondatrice de la première congrégation de sœurs non cloîtrées en Nouvelle-France, la congrégation de Notre-Dame. La petite histoire veut que de Maisonneuve participa lui-même à la coupe du bois qui servit à la construction de ce premier temple sur l'île de Montréal.

En 1672, mère Bourgeoys ramena de France une statue de la Vierge, réputée miraculeuse, que lui avait obtenue le baron de Fancamp. Au cours des siècles, cette minuscule statue en chêne survécut à un vol et à plusieurs incendies, et, aujourd'hui, on peut la voir dans la chapelle latérale gauche, au-dessus du gisant de Marguerite Bourgeoys. À droite, on peut également voir la grande statue de la Vierge, œuvre de Charles Dauphin, que monseigneur Bourget, premier évêque de Montréal, fit installer sur le toit de la chapelle et où elle resta une quarantaine d'années.

La chapelle vue de la rue de la Commune.
The chapel seen from de la Commune Street

Rien ne séparait alors la chapelle du fleuve et, très vite, la Vierge devint un repère pour les capitaines de navires remontant le fleuve. Lorsqu'ils repartaient, les marins venaient demander la protection de la Vierge et lorsqu'ils étaient sauvés d'un naufrage, ils apportaient des *ex-voto*. Certains, en forme de navires, sont suspendus dans la nef et donnent à la chapelle une atmosphère maritime. C'est ainsi que ce petit lieu de culte a pris le surnom de l'«église des marins».

Détruite par le feu en 1754, la chapelle fut reconstruite en pierre en 1772. Mais c'est entre 1885 et 1910 qu'elle prit sa physionomie actuelle. La façade fut mise au goût du jour et l'intérieur subit une cure de rajeunissement.

C'est durant cette même période que furent ajoutés la chapelle aérienne, illuminée par de très belles verrières, et le belvédère qui surplombe le fleuve. Dans la chapelle aérienne, on peut voir une maquette de la maison de Nazareth, appelée la «sainte maison» de Lorette.

Remarkable for its simplicity and elegance, Notre-Dame-de-Bonsecours Chapel is located at the heart of Old Montréal. Located on top of its copper belfry, the statue of the Blessed Virgin with her open arms overlooks the port.

While the present-day building goes back to the 18th century, its history dates back to the early days of the colony. Indeed, the first chapel to be built on this site was erected in 1657 at the instigation of Marguerite Bourgeoys, founder of the Congregation of Notre-Dame, the first uncloistered order of nuns in New France. Story has it that de Maisonneuve himself helped chop the wood that went into the construction of this, the first temple of worship on the Island of Montréal.

The statue of Mary which Mother Bourgeoys brought back from France in 1672 was rumoured to be miraculous. It had been obtained for her by the Baron de Fancamp. Over the centuries, this tiny oak statue survived a theft as well as a number of fires. Today, it can be seen in the chapel on the left side of the church, above the recumbent figure of Marguerite Bourgeoys. To the right is a large statue of Mary by Charles Dauphin. Bishop Bourget, the first bishop of Montréal, had it installed on the roof of the chapel where it remained for some forty years.

In those days, nothing separated the chapel from the river, and before long, the Virgin became a landmark for the captains of ships sailing up the river. Before leaving port, the sailors would come to pray for the protection of the Virgin, and when they survived a shipwreck, they would return with an offering of thanksgiving. Some of these, shaped like ships, hang in the nave and give the chapel its seafaring atmosphere. As a result, this small temple of worship has been dubbed "The Sailors' Church".

Destroyed by fire in 1754, the chapel was rebuilt in stone in 1772. It was between 1885 and 1910, however, that it took on its current form. Its facade was designed to reflect the style of the era, and its interior was updated.

It was during this period that the Aerial Chapel and the Observation Tower overlooking the river were added. The Aerial Chapel, with its beautiful stained glass windows, houses a model of Nazareth House, also known as the "holy house" of Lorette.

La Vierge de Claude Dauphin à droite, et les vitraux de Beaulieu.
The virgin by Claude Dauphin to the right, and stained glass window by Beaulieu

L'autel de la chapelle. - *The chapel's altar*

La tour d'observation, à laquelle on accède en montant une centaine de marches, offre une vue panoramique sur le fleuve Saint-Laurent, l'île Sainte-Hélène, le port avec ses vestiges des fortifications et le dôme du marché Bonsecours construit en 1845. Ce vaste édifice d'inspiration grecque fut à tour de rôle un marché intérieur, le siège de l'assemblée du Canada-Uni et l'hôtel de ville. Il accueille aujourd'hui des expositions artistiques.

Au sous-sol de la chapelle Notre-Dame-de-Bon-Secours, un petit musée est dédié à Marguerite Bourgeoys (1620-1700) qui fut canonisée par le pape Jean-Paul II en 1982, devenant ainsi la première sainte du Canada. Sa vie courageuse est représentée par 58 scènes, illustrant les étapes cruciales de sa longue et fructueuse carrière.

En 1642, le village huron, Hochelaga, qui allait devenir Ville-Marie puis Montréal, était gouverné par de Maisonneuve, grandement assisté par Jeanne Mance. Arrivée en 1653, Marguerite Bourgeoys eut pendant de nombreuses années la charge des filles du roy, ces jeunes orphelines pourvues en dots par Louis XIV et envoyées en Nouvelle-France pour devenir les épouses des premiers colons. Elle fut également la première enseignante de Ville-Marie, donnant ses classes dans une étable, dont l'emplacement aux coins des rues Le Royer et Saint-Laurent est indiqué par une plaque et un haut-relief. Jusqu'à ce jour, la congrégation de Notre-Dame est demeurée une des grandes institutions vouées à l'éducation des jeunes filles catholiques.

Le gisant de Marguerite Bourgeoys et la statue de la Vierge miraculeuse.
The recumbent figure of Marguerite Bourgeoys and the miraculous statue of the Virgin Mary

Some one hundred steps lead to the Observation Tower which offers a panoramic view of the St. Lawrence river, St. Helen's Island, the port with remnants of the fortifications and the dome of Bonsecours Market built in 1845. The market, a huge Greek-style building, was first an indoor market, then the seat of government for United Canada and later, city hall. Today, it hosts art exhibitions.

In the basement of Notre-Dame-de-Bonsecours Chapel, a small museum is devoted to Marguerite Bourgeoys (1620-1700) who was canonized by Pope John-Paul II in 1982, becoming Canada's first saint. Her courageous life is recalled in 58 scenes illustrating milestones in her long and productive career.

In 1642, the Huron village of Hochelaga which was to become Ville-Marie and later, Montréal, was governed by Maisonneuve with the help of Jeanne Mance. For a number of years after her 1653 arrival in Montréal, Marguerite Bourgeoys was responsible for the Filles du Roi (the King's Daughters), young orphan girls whose dowry had been provided by Louis XIV who sent them to the New World to become the wives of the early pioneers. She was also the first teacher, holding classes in a stable whose location, at the corner of Le Royer Street and Saint-Laurent Boulevard, is marked by a plaque and high relief. To this day, the Congregation of Notre-Dame remains one of the finest institutions devoted to the education of young Catholic women.

Le bateau des zouaves. - *The ship of the Zouaves*

La vue du Vieux-Port de la tour. - *View of the Old Port from the Observation Tower*

La chapelle dans le Vieux-Montréal, près du marché Bonsecours. - *The chapel in Old Montréal near Bonsecours Market*

L'intérieur de la tour. - *The Tower's interior*

Le musée dédié à Marguerite Bourgeoys. - *The museum dedicated to Marguerite Bourgeoys*

L'oratoire Saint-Joseph, vu du chemin de la Reine-Marie. - Saint Joseph's Oratory, view from Queen Mary Road

Construit sur le flanc nord-ouest du mont Royal, l'oratoire Saint-Joseph domine la ville de son imposante silhouette. Dès le premier coup d'œil, on est frappé par la majesté des lieux, les escaliers qui semblent monter jusqu'au ciel, les terrasses de verdure et de fleurs qui se succèdent et, tout en haut, la basilique coiffée de son dôme gigantesque, le plus grand au monde après celui de Saint-Pierre de Rome.

Il est difficile de croire que le plus vaste sanctuaire dédié à saint Joseph soit l'œuvre d'un seul homme, petit de taille et faible de santé. Et pourtant! C'est entièrement à frère André que l'on doit ce monument à la gloire du saint patron des charpentiers.

Lorsqu'Alfred Bessette entra chez les frères de Sainte-Croix en 1870, prenant le nom d'André, il lui fut confié l'emploi de portier au collège Notre-Dame. Profondément croyant, il passait de longues heures à prier devant la statue de saint Joseph dans la chapelle du collège. Il s'occupait aussi volontiers des personnes malades autour de lui, frictionnant leurs membres douloureux avec un peu d'huile prise dans la lampe qui brûlait au pied de la statue. La réputation de guérisseur du «bon frère André», comme l'avait baptisé la population, s'étendit vite et on parla bientôt de miracles que l'humble portier attribuait toujours à saint Joseph.

Sollicité par des centaines de malades, le frère André reçut bientôt la permission d'installer une statue de saint Joseph sur la montagne, en face du collège, puis, en 1904, d'y construire une chapelle. En 1908, celle-ci était agrandie et l'année suivante, on lui adjoignait une salle d'attente pour les malades. Le frère André s'établit alors en permanence sur le site. Et c'est ainsi que, de guérison en construction, le sanctuaire prit forme sous la tutelle du saint homme, béatifié par le pape Jean-Paul II, le 23 mai 1982.

Lorsque frère André mourut en 1937, à l'âge de 91 ans, plus d'un million de personnes défilèrent pendant sept jours et sept nuits devant sa dépouille qui repose aujourd'hui dans un simple tombeau, à l'intérieur du magnifique sanctuaire que sa persévérance héroïque avait construit.

The impressive silhouette of St. Joseph's Oratory, built on the northwestern slope of Mount Royal, dominates the city. At first glance, one is struck by the majesty of the site, the stairway that seems to rise into the heavens, the terraces with their lush greenery and flowers and, at the top, the basilica with its giant dome, the largest in the world after St. Peter's in Rome.

It is hard to believe that the largest sanctuary devoted to St. Joseph is the work of a single man, small of stature and frail of health. Yet, this monument to the patron saint of carpenters is credited entirely to Brother André!

Born Alfred Bessette, he took the name André when he entered the Congregation de Sainte-Croix in 1870. Appointed porter of Notre-Dame College, this deeply religious man spent long hours in the chapel, praying before the statue of Saint-Joseph. He also tended to the sick around him, rubbing their sore limbs with a bit of oil from the lamp that burned at the foot of the statue. Good Brother André's reputation as a healer began to spread and soon, people were talking of miracles — miracles which the humble porter always attributed to St. Joseph.

Sought out by hundreds of ailing people, Brother André soon received permission to erect a statue of St. Joseph on the mountain, across from the college. In 1904, he was authorized to build a chapel on the site. The chapel was expanded in 1908, and the following year, when an adjoining waiting room for the sick was added, Brother André set up permanent residence on the site. And so it was that, from healing to healing, the sanctuary grew, taking shape under the watchful eye of a holy man who was beatified by Pope John-Paul II on May 23, 1982.

When he died in 1937 at the age of 91, more than one million mourners filed past his body over a period of seven days and seven nights. Today, he rests in a simple tomb inside the magnificent sanctuary to which his heroic perseverance gave rise.

La première pierre de l'oratoire Saint-Joseph fut posée en 1924, mais la basilique ne fut inaugurée qu'en 1955, après de nombreux changements de plans aux mains de différents architectes. La décoration intérieure fut terminée entre 1964 et 1967. Construit en granit de la région de Mégantic, l'Oratoire est d'inspiration renaissance italienne à l'extérieur.

L'intérieur est immense, pouvant accueillir 3 500 personnes assises et 1 000 autres debout. C'est à l'architecte canadien Gérard Notebaert que l'on doit son style moderne et dépouillé. Les magnifiques vitraux furent réalisés entre 1958 et 1962 par Marius Plamondon. Le chemin de croix grandeur nature que l'on suit autour de la nef est l'œuvre de Roger de Villiers et le maître-autel d'Henri Charlier. La mosaïque, de l'Atelier Labouret à Paris, représente les nombreuses mentions de saint Joseph dans l'histoire canadienne. Installé en 1960, l'orgue a été construit par Rudolf von Beckerath. Il est composé de 5 811 tuyaux répartis en 78 jeux et formant 6 sections.

Au fond de l'abside, derrière une grille monumentale réalisée par Robert Prévost, se dresse la chapelle du Saint-Sacrement qui est la partie la plus richement ornée de la basilique. Les colonnes de marbre vert du Vermont montent vers le plafond en hémicycle, recouvert de céramique dorée.

La chapelle votive abrite le tombeau de frère André et de nombreux *ex-voto*, témoins des faveurs et des guérisons obtenues. Au sommet des 3 500 lampions se dresse la statue de saint Joseph. Une autre statue, taillée dans du marbre de Carrare par l'artiste italien A. Giacomini, orne la crypte-église pouvant contenir 1 000 personnes.

De la terrasse, une vue magnifique attend les pèlerins. L'Oratoire étant le point culminant de Montréal, l'œil survole sans obstacle la partie nord de l'île, pour se poser sur les Laurentides ou glisser vers l'ouest et le lac Saint-Louis. Juste en bas se dresse le monument de bronze, œuvre du sculpteur canadien Alfred Laliberté, et de l'autre côté de la rue, le collège Notre-Dame où le frère André fut portier.

L'orgue de l'Oratoire. - *The oratory's organ*

The corner stone of St. Joseph's Oratory was laid in 1924, but it was not until 1955 that the basilica was inaugurated, following countless changes brought by a number of different architects. The interior decor was finally completed between 1964 and 1967. Built of granite from the Mégantic region, the exterior architecture is of Italian Renaissance styling.

The oratory's vast interior can accommodate 3,500 people seated, plus another 1,000 standing. Featuring a clean, modern design, it is the work of Canadian architect Gérard Notebaert. The magnificent stained glass windows were crafted in 1958 and 1962 by Marius Plamondon while the life-sized Way of the Cross around the nave was produced by Roger de Villiers. The high altar is attributed to Henri Charlier. The mosaic, produced by the Atelier A. Labouret in Paris, bears several mentions of St. Joseph in Canadian history. Built by Rudolf von Beckerath, the organ, which consists of 5,811 pipes and 78 stops in 6 sections, was installed in 1960.

At the back of the apse, behind the monumental grille by Robert Prévost, is the basilica's most ornate section, the Saint-Sacrament Chapel. Here, columns of green Vermont marble rise up to the semicircular ceiling of gold-leafed ceramic.

The votive chapel holds the tomb of Brother André as well as countless offerings attesting to answered prayers and healings. Standing above some 3,500 votive candles is the statue of St. Joseph. Another statue, carved from Carrara marble by Italian artist A. Giacomini, adorns the crypt-church which can hold 1,000 people.

From the terrace, pilgrims are treated to a spectacular sight. As the oratory is the highest point in Montréal, visitors have an unobstructed view of the northern part of the island extending to the Laurentians or looking west, to Lake St. Louis. Just below, there is a bronze monument by Canadian sculptor Alfred Laliberté while across the street is Notre-Dame College where Brother André served as porter.

Une messe célébrée à la basilique de l'Oratoire. - *A mass celebrated in the oratory's basilica*

Le hall de la reconnaissance.
The Hall of Prayerful Thanksgiving

La statue de saint Joseph dans le hall de la reconnaissance.
Statue of St. Joseph in the Hall of Prayerful Thanksgiving

La chapelle primitive émeut toujours les visiteurs par sa simplicité. L'autel sculpté par le frère Abundius, en 1906, domine la petite chapelle décorée de nombreux *ex-voto*. À côté, on peut voir l'humble chambre du frère André.

Le chemin de croix extérieur, taillé par Ercolo Barbieri sur des plans de Louis Parent, serpente à flanc de montagne au milieu des jardins dessinés par Frederick G. Todd. Le carillon de 56 cloches, le plus important en Amérique du Nord, était originellement destiné à la tour Eiffel, mais il n'y fut pas installé à cause de difficultés techniques.

Outre *Le Jeu de la Passion*, joué dans les jardins illuminés les soirs d'été, l'oratoire Saint-Joseph présente régulièrement des concerts par les Petits Chanteurs du Mont-Royal et, de novembre à février, une exposition de quelque 250 crèches venues du monde entier.

Une exposition de crèche au musée de l'Oratoire.
Exhibition of mangers at the oratory museum

The simplicity of the original chapel still moves visitors. The altar sculpted by Brother Abundius in 1906 dominates the tiny chapel decorated by many offerings. Next door is the unassuming room in which Brother André lived.

Carved by Ercolo Barbieri based on plans by Louis Parent, the outdoor Way of the Cross winds its way along the side of the mountain through gardens designed by Frederick G. Todd. The 56-bell carillon, the largest in North America, was originally intended for the Eiffel Tower, but technical problems prevented its installation.

In addition to the Passion Play which is performed in the illuminated gardens on summer evenings, the oratory also presents regular concerts by the Petits Chanteurs du Mont-Royal. From November to February, a collection of some 250 mangers from around the world is also on display.

Le chemin de croix.
The way of the Cross

La chapelle primitive. - *The original chapel*

L'intérieur de la chapelle primitive. - *Interior of the original chapel*

La basilique Saint-Patrick, sur le boulevard René-Lévesque. - *St Patrick's Basilica on René-Lévesque Boulevard*

Il fut un temps où la basilique Saint-Patrick dominait des jardins luxuriants qui descendaient jusqu'à la rue de La Gauchetière. Aujourd'hui, l'église paroissiale de la communauté irlandaise se dissimule au milieu des édifices financiers du centre-ville. Ignorée des circuits touristiques malgré son extraordinaire beauté, elle est le secret le mieux gardé de Montréal.

Un des plus beaux exemples du style gothique au Canada, la basilique fut inaugurée le jour de la Saint-Patrick en 1847, devenant la première église catholique anglophone de la ville. Avant cela, la communauté irlandaise allait prier à l'église Notre-Dame-de-Bon-Secours puis à l'église des Récollets.

Ironie du sort, c'est un Québécois francophone, Pierre-Louis Morin, qui en fut l'architecte alors que c'est un irlandais anglophone, James O'Donnell, qui conçut les plans de la basilique Notre-Dame.

Classé monument historique, l'édifice est en pierre calcaire provenant des carrières de Montréal. Une restauration majeure, qui a duré six ans et qui s'est terminée en 1993, lui a redonné une seconde vie. La structure a été renforcée, le clocher rebâti, le plancher usé remplacé et la décoration rehaussée.

Très élaborée, la décoration intérieure emploie des couleurs douces et mêle la fleur de lys de la France et le trèfle de l'Irlande. Chaque colonne de 25 m de hauteur est façonnée d'un seul tronc de pin.

Un nouveau système d'éclairage apporte un complément à la lumière naturelle filtrant à travers les magnifiques vitraux, œuvre de l'artiste new-yorkais Alex S. Locke. Quatre vitraux en rosette, deux dans le transept et deux ornant la façade, montrent un style différent et ont été réalisés par les sœurs grises de Montréal.

Le lambrissage de la nef, sculptée dans le chêne, sert de cadre à 150 tableaux de saints, œuvre d'Alex S. Locke, Guy Lombal et quelques autres artistes. Les 14 stations du chemin de croix sont toutes signées Patriglia, un artiste italien. Ornée de tableaux gothiques représentant les apôtres, la chaire est un autre superbe exemple de sculpture sur bois.

Le lustre suspendu du sanctuaire.
The sanctuary lamp.

At one time, St. Patrick's Basilica overlooked lush gardens that extended down to Lagauchetière Street. Today, the parish church of the city's Irish community almost disappears among the buildings of the city's financial district. Despite its remarkable beauty, it is often by-passed by tour organizers. Indeed, it is possibly Montréal's best-kept secret.

One of the finest examples of Gothic architecture in Canada, the basilica, the city's first English Catholic church, was inaugurated on St. Patrick's Day, 1847. Until then, the Irish community had worshipped first at the Church of Bonsecours and later, at the Church of the Recollets.

Ironically, St. Patrick's was designed by a French-speaking Quebecer, Pierre-Louis Morin, while an English-speaking Irishman, James O'Donnell, was the architect responsible for Notre-Dame Basilica.

Classified as a historic monument, the building is made of stone from Montréal quarries. A major six-year restoration program which ended in 1993 gave the basilica a new lease on life. The structure was reinforced, its belfry rebuilt, the worn floor replaced and the decor refreshed.

Highly ornate, the interior decor features soft colours and combines France's fleur de lys motif with Ireland's shamrock. Each 25 m column is carved from the trunk of a single pine tree.

A new lighting system complements the natural light which filters through the magnificent stained glass windows crafted by New York artist Alex S. Locke. Four rosette stained glass windows, two in the transept and two on the facade, feature a different style. They were produced by the Grey Nuns of Montréal. The oak wainscotting lining the nave provides a framework for 150 oil paintings of the saints produced by Alex S. Locke, Guy Lombal and a few other artists. The 14 stations of the Way of the Cross are all the work of Italian artist Patriglia Enhanced by Gothic paintings of the apostles, the pulpit is another outstanding example of wood sculpture.

Les bancs de chêne rouge d'Indiana furent installés en 1894. L'ancien banc n°. 240, toujours identifié, était réservé à l'Honorable Thomas D'Arcy McGee, homme d'État d'origine irlandaise et un des pères de la Confédération. Assassiné à Ottawa en 1868, D'Arcy McGee eut droit à d'imposantes funérailles dans cette église. Une plaque sur le mur extérieur honore sa mémoire. Une autre plaque, dans le vestibule, rappelle que le poète québécois Émile Nelligan fut baptisé à Saint-Patrick, le jour de Noël 1879.

Le lustre suspendu dans le chœur est unique en Amérique du Nord. Pesant 815 kg, il fut installé en 1896. Chacun des six anges mesure 2 m de haut.

Parmi les autres trésors de la basilique Saint-Patrick, mentionnons «Charlotte», une cloche coulée en 1774, et l'orgue Casavant qui intègre des éléments de l'orgue original fabriqué par Warren, d'Angleterre, et installé en 1852. Digne d'intérêt également, les escaliers tournants qui mènent au jubé.

Mais la plus grande richesse de la basilique Saint-Patrick demeure sa sérénité. Elle est un havre de paix, un îlot de calme et de beauté au cœur de la fébrilité du centre-ville.

Made of red Indiana oak, the pews were installed in 1894. Pew No. 240 is still identified as the reserved seating of the Honourable Thomas d'Arcy McGee, an Irish-Canadian statesman and one of the Fathers of Confederation. Assassinated in Ottawa in 1868, his funeral was held in this church. A plaque to his memory adorns the outside wall, while in the vestibule, another plaque commemorates another famous parishioner, Québec poet Emile Nelligan who was baptized at St. Patrick's on Christmas Day, 1879.

The large lamp hanging in the sanctuary is unique in North America. Weighing 815 kg, it was installed in 1896. Each of the six angels on the pedestal stands 2 m high.

Among the many treasures of St. Patrick's Basilica, you'll discover "Charlotte", a bell cast in 1774 and the Casavant organ that integrates elements of the original organ built by Warren of England and installed in 1852. Also worthy of note are the curved stairways leading to the choir loft.

The greatest treasure of St. Patrick's Basilica, however, remains its serenity. An oasis of beauty, it is a haven of peace at the heart of a bustling city.

Les magnifiques vitraux, œuvre de l'artiste Alex S. Locke. - *Magnificent stained glass windows by artist Alex S. Locke*

La nef de la basilique. - *The nave of the basilica.*

La basilique Sainte-Anne sur la Côte-de-Beaupré. - *Sainte-Anne Basilica on Côte-de-Beaupré*

D'un côté, il y a le fleuve Saint-Laurent qui sert d'écrin à l'île d'Orléans. De l'autre, il y a les falaises de la Côte-de-Beaupré. Et sur la langue de terre fertile qui court entre les deux se dresse la silhouette immaculée de la basilique Sainte-Anne-de-Beaupré. Chaque année, plus d'un million de catholiques viennent prier en ces lieux grandioses la sainte patronne du Québec.

De construction récente si on la compare aux autres sanctuaires et basiliques du Québec, Sainte-Anne-de-Beaupré combine avec succès les techniques modernes d'architecture et l'inspiration fervente du Moyen Âge. Inaugurée en 1934, elle adopte selon Louis-Napoléon Audet, «un style néo-roman». Bâtie sur un plan en forme de croix latine, elle mesure 98 m de long, 60 m de large au transept et 90 m de haut. Les cinq nefs sont séparées par d'immenses colonnes. Malgré la démesure des éléments, les arches plein cintre et la voûte en berceau donnent à l'intérieur une impression de légèreté, accentuée par la douce lumière.

Les architectes en furent Louis-Napoléon Audet de Sherbrooke et Maxime Roisin de Paris. Mais la basilique actuelle n'est pas le premier temple dédié à la mère de la Vierge à s'élever sur ces lieux. C'est en fait le cinquième.

Comme tous les lieux de pèlerinage, Sainte-Anne-de-Beaupré fut le site de plusieurs guérisons, la première ayant eu lieu durant la construction de la première chapelle de bois en 1658. Un des ouvriers, Louis Guimont, fut alors miraculeusement guéri de son lumbago. D'autres guérisons suivirent, amenant chaque fois plus de pèlerins. Le sanctuaire grandit avec les années et la dévotion des foules.

Bâtie sur une charpente d'acier recouverte de granit blanc, Sainte-Anne-de-Beaupré est éclairée par 240 vitraux, œuvre d'Auguste Labouret. Le même artiste réalisa les somptueuses mosaïques qui décorent la voûte. Racontant la vie de sainte Anne, elles sont presque monochromes, jouant dans les tons de brun et de crème avec des touches de rouge et d'or.

La statue de la Vierge Marie. - *Statue of the Virgin Mary*

The Sainte-Anne-de-Beaupré Basilica stands on a strip of fertile land nestled between the St. Lawrence river that runs by Ile d'Orleans and the cliffs at Côte-de-Beaupré. Every year, more than one million Catholic pilgrims are drawn to this magnificent site to pray to the patron saint of Québec.

Built more recently than most other sanctuaries and basilicas in the province, Sainte-Anne-de-Beaupré effectively blends modern architectural techniques with those inspired by the ardent devotion that marked the Middle Ages. Inaugurated in 1934, it adopted, according to Louis-Napoléon Audet, a Neo-Roman style. Featuring a Latin cruciform design, it measures 98 m long by 60 m wide in the transept, and 90 m high. Its five naves are separated by huge columns. Despite the disproportionate size of its elements, the semicircular arches and barrel vault give the interior a feeling of airiness enhanced by soft light.

Designed by architects Louis-Napoléon Audet of Sherbrooke and Maxime Roisin of Paris, the present-day basilica is not the first temple dedicated to the mother of Mary to stand on this site. In fact, it is the fifth.

Like all pilgrimage locations, Sainte-Anne-de-Beaupré was the site of many healings, the first of which took place in 1658 during the construction of the original wood chapel. One of the workmen, Louis Guimont, was miraculously cured of lumbago. Other healings followed, each one attracting more pilgrims. The sanctuary grew with the years and the devotion of the crowds.

Its steel structure covered in white granite, Sainte-Anne-de-Beaupré is lit by 240 stained glass windows by Auguste Labouret. This same artist also produced the opulent mosaics that adorn the vault. Recalling the life of St. Anne, these are primarily monochrome, with shades of brown and cream highlighted by touches of red and gold.

La statue miraculeuse de sainte Anne tenant la Vierge Marie dans ses bras domine l'aile gauche du transept. Sculptée dans du chêne, la statue polychrome se dresse sur un piédestal composé de neuf variétés de marbre, une pièce unique en Amérique du Nord. Une relique donnée par le pape Jean XXIII, en 1960, est exposée dans la chapelle derrière la statue.

Le sanctuaire de Sainte-Anne-de-Beaupré comprend plusieurs lieux de dévotion. En face de la basilique, la chapelle commémorative fut construite en 1878 sur les fondations et avec des pierres de la vieille église. Le clocher à deux coupoles date de 1788, mais ses plans par Claude Baillif remontent à 1696. L'intérieur aux couleurs pastel est décoré d'un superbe maître-autel, sculpté par Thomas Baillairgé en 1827. Le tabernacle remonte à 1695 et est attribué à Jacques Leblond.

À l'ouest de la chapelle du souvenir, la chapelle de la Sainte-Échelle ou Scala Santa doit son nom à une réplique de l'escalier que le Christ emprunta pour comparaître devant Ponce Pilate et qui, aujourd'hui, se trouve à Rome. Les pèlerins montent à genoux les escaliers situés à l'intérieur de la chapelle.

Au-dessus de la Scala Santa, le chemin de croix, grandeur nature, monte la colline en zigzaguant. Uniques en Amérique du Nord, les stations furent coulées en fonte et recouvertes de bronze par l'Union internationale artistique de Vaucouleurs en France, entre 1913 et 1946.

Un vaste édifice gris et carré abrite l'Historial. Ce musée d'art religieux est présentement en rénovation et sera aménagé pour mettre en valeur les sculptures et les ex-voto qui remontent au XVIIᵉ siècle.

Une messe des malades. - *Mass for the sick*

The miraculous statue of St. Anne holding the Virgin Mary in her arms dominates the left wing of the transept. Sculpted in oak, this polychrome statue standing on a pedestal made of nine types of marble is unique in North America. A relic of the saint, donated by Pope John XXIII in 1960, is displayed in the chapel located behind the statue.

The Sainte-Anne-de-Beaupré sanctuary offers several areas for prayer and devotion. Across from the basilica, the commemorative chapel was built in 1878 on the foundations of the old church, using the original stones. The belfry, with its two cupolas, dates back to 1788, though the plans for its construction were produced in 1696. The pastel interior features a superb high altar sculpted by Thomas Baillargé in 1827. The tabernacle, produced in 1695, is the work of Jacques Leblond.

West of the commemorative chapel is the Scala Santa or the Chapel of the Holy Stairs which owes its name to a replica, in Rome, of the stairs which Christ climbed to appear before Pontius Pilate. Pilgrims climb the stairs inside the chapel on their knees.

Above the Scala Santa, the life-sized Way of the Cross winds its way up the hill. Unique in North America, these stations are of bronze-covered cast iron produced between 1913 and 1946 by the Union internationale artistique de Vaucouleurs in France.

A huge square building houses the Historial. This museum of religious art is currently undergoing renovations that will make it possible to showcase sculptures and prayerful offerings dating back to the 17th century.

La statue miraculeuse de sainte Anne dans un des transepts.
Miraculous statue of St. Anne in one of the transepts

La nef de la basilique vue du balcon. - *The nave of the basilica seen from the balcony*

Le chemin de croix sur la colline. - *The way of the Cross on the hill*

La chapelle commémorative. - *The commemorative chapel*

La chapelle Scala Santa. - *Scala Santa Chapel*

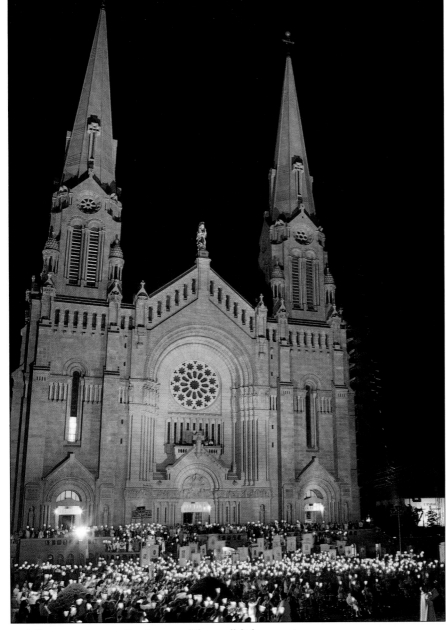

La procession aux flambeaux. - *The candlelight procession*

Le Cyclorama. - *The Cyclorama*

Le Cyclorama de Jérusalem est un autre des attraits de Sainte-Anne-de-Beaupré. Le grand bâtiment circulaire abrite une immense peinture représentant Jérusalem à l'époque du Christ. Remarquable de réalisme, la toile de 14 m de haut et de 110 m de long fut peinte par Paul Philippoteaux, aidé de cinq assistants, et installée en 1895.

Sainte-Anne-de-Beaupré est un grand lieu de pèlerinage. Les autochtones y viennent chaque année en juin et juillet, depuis 1707, pour prier la bonne sainte Anne, patronne des Amérindiens. Et durant l'été, une procession aux flambeaux exprime chaque soir la foi de la foule réunie.

The Cyclorama of Jerusalem is another of the attractions of Sainte-Anne-de-Beaupré. This large circular building holds an enormous painting depicting Jerusalem at the time of Christ. Installed in 1895, this remarkably realistic work of art measures 14 m high by 110 m wide. It was painted by Paul Philippoteaux with the help of five assistants.

Sainte-Anne-de-Beaupré is a major pilgrimage site. Every year, in June and July, native people come here to pray to St. Anne who is the patron saint of the Amerindians. Finally, throughout the summer, nightly candlelight processions allow the people to express their faith.

La basilique-cathédrale Notre-Dame-de-Québec, rue Côte de la Fabrique.
The Basilica-Cathedral of Notre-Dame-de-Québec on Côte de la Fabrique Street

La basilique-cathédrale Notre-Dame-de-Québec est un monument historique à bien des égards. Non seulement est-ce la plus vieille église du continent au nord du Mexique, c'est aussi l'œuvre de plusieurs générations d'artistes et d'architectes parmi les meilleurs au Québec. Enfin, c'est le symbole de la foi et de la persévérance des Québécois depuis les débuts de la colonisation.

La première chapelle à se dresser sur le site est construite par Champlain, en 1633. Après avoir disparu dans les flammes, elle est remplacée en 1647 par l'église Notre-Dame-de-la-Paix, qui est élevée au rang de cathédrale en 1674. Gaspard Chaussegros de Léry, ingénieur du roi, entreprend des travaux d'agrandissement qui s'achèvent en 1749. Hélas, 10 ans plus tard, la cathédrale est détruite par les bombardements britanniques durant le siège de Québec.

La reconstruction, selon les plans de Chaussegros de Léry, est confiée aux Baillairgé, une dynastie d'architectes et de sculpteurs. Trois générations de Baillairgé se succéderont jusqu'au milieu du XIXᵉ siècle et feront de la basilique Notre-Dame-de-Québec une remarquable œuvre d'art. C'est à Jean Baillairgé, l'ancêtre, que l'on doit le clocher sud, élégamment ajouré.

Son fils, François, décora somptueusement l'intérieur et Thomas, fils de François, dessina l'imposante façade de style néo-classique qui regarde aujourd'hui la place de l'hôtel de ville.

Le baldaquin. - *The baldachin*

Consacrée basilique en 1874, Notre-Dame-de-Québec est à nouveau la proie des flammes en 1922. Seuls les murs restent debout. Mais il reste aussi des plans et des photographies qui aideront les architectes à reconstruire la basilique telle qu'elle était avant le sinistre.

À travers trois siècles et autant d'incendies, malgré les reconstructions et les rénovations, la basilique Notre-Dame-de-Québec a conservé une remarquable unité de style. Confinée dans les murs du Vieux-Québec, elle demeure l'expression de l'opulence du XVIIIᵉ siècle.

The Basilica-Cathedral of Notre-Dame-de-Québec qualifies as a historic monument in a number of regards. Not only is it the oldest church on the continent, north of Mexico, it is also the creation of several generations of Québec's finest artists and architects. Finally, it is a symbol of the faith and perseverance of Quebecers from the earliest days of the colony.

The first chapel which was built on the site by Champlain in 1633, was destroyed by fire. It was replaced in 1647 by the church of Notre-Dame-de-la-Paix which was elevated to the rank of cathedral in 1674. Gaspard Chaussegros de Léry, the king's engineer, undertook expansion work which was finally completed in 1749. Unfortunately, ten years later, the cathedral fell prey to British bombs during the siege of Québec City.

Reconstruction work, based on the plans developed by Chaussegros de Léry, was entrusted to the Baillargé, a dynasty of architects and sculptors. By the mid-19th century, three successive generations of Baillargé had helped turn Notre-Dame-de-Québec Basilica into an outstanding work of art. Credit for the southern belfry, with its elegant openwork design, goes to Jean Baillargé, the ancestor.

His son, François, is responsible for its sumptuous interior decor while Thomas, François' son, designed the impressive neo-classical facade which now overlooks the square in front of city hall.

Consecrated as a basilica in 1874, Notre-Dame-de-Québec burned down again in 1922. Only the walls remained standing. Fortunately, the original plans and photographs remained as well, helping architects rebuild the basilica as it had been before the fire.

Through three centuries and as many fires, through many reconstructions and renovations, Notre-Dame-de-Québec Basilica has retained remarkable unity of styling. Located within the walls of Old Québec, it reflects the opulence of the 18th century.

L'intérieur est vaste et richement décoré. Au-dessus du maître-autel, le baldaquin attire tous les regards. Supporté par six caryatides, il a été sculpté par André Vermare, un artiste français, selon les plans de François Baillairgé. Le même artiste a réalisé le trône surmonté du dais épiscopal.

La lumière envahit l'intérieur par deux rangées de vitraux. De facture française, ceux du haut représentent des hommes, des femmes et des archanges ainsi que Dieu. Réalisés par la maison Meyer de Munich, ceux des bas-côtés évoquent la vie de la Vierge.

Parmi les rares objets sauvés de l'incendie de 1922, la toile « *La mort de saint Joseph* » orne maintenant la chapelle dédiée à ce saint. Il s'agit de la copie d'une œuvre de Pasqualoni.

Dans la crypte funéraire reposent quatre gouverneurs de la Nouvelle-France, Frontenac, de Callières, Vaudreuil et de La Jonquière, à côté des évêques de Québec. Des fouilles, jusqu'ici infructueuses, ont été effectuées pour retrouver le tombeau de Champlain, inhumé dans la chapelle Notre-Dame-de-Recouvrance qui se dressait sur le site de la cathédrale.

François de Laval fut également enterré dans le sous-sol de la cathédrale, le 9 mai 1708. Mis à jour lors de travaux, les restes de l'évêque de Québec, béatifié en 1980, furent ramenés dans la cathédrale en 1993, après avoir connu plusieurs demeures.

La chapelle Saint-Joseph. - *St. Joseph's Chapel*

Construite selon les plans des architectes Émile Gilbert et César Herrera, la chapelle commémorative Mgr Laval est d'une beauté austère. Le gisant en bronze semble flotter au-dessus du plancher en granit noir poli, dans lequel est gravé en relief la carte de l'Amérique française au temps de François de Laval. La cathédrale de Québec étendait alors sa bienveillante autorité de Gaspé à la Louisiane.

Un spectacle son et lumière est donné régulièrement dans la cathédrale. Feux sacrés est une extraordinaire fresque historique multimédia qui fait un voyage de 500 ans en moins d'une heure.

Its vast interior showcases a rich decor. The baldachin located above the high altar catches the eye. Supported by six caryatids, it was sculpted by French artist André Vermare according to plans by François Baillairgé, the same artist who produced the throne under the episcopal dais.

Light floods the interior through two rows of stained glass windows. Made in France, the top ones depict men, women and archangels as well as God. Produced by the Meyer Company of Munich, those along the side aisles recall the life of Mary.

Among the rare objects salvaged from the fire of 1922 is the "Death of Joseph", a painting which now hangs in the chapel dedicated to this saint. It is a reproduction of a work by Pasqualoni.

Four governors of New France — Frontenac, de Callières, Vaudreuil and de La Jonquière — now lie in the funeral crypt next to the bishops of Québec City. Digs have so far failed to locate the tomb of Champlain which had been in the Notre-Dame-de-Recouvrance chapel that once stood on the site of the cathedral.

François de Laval, the bishop of Québec City who was beatified in 1980, was also buried in the basement of the cathedral on May 9, 1708. Uncovered during the work, his remains were finally returned to the cathedral in 1993, after resting in a number of places.

Built according to plans by architects Emile Gilbert and César Herrera, the Monsignor Laval Commemorative Chapel exudes an austere beauty. The recumbent bronze figure appears to float above the gleaming black granite floor into which a map of French America at the time of François de Laval has been etched in relief. Back then, the benevolent authority of the Québec cathedral extended from Gaspé to Louisiana.

A sound and light show is held regularly in the cathedral. A stunning multimedia presentation, "Sacred Fires" takes audiences on a voyage through 500 years of history in less than an hour.

La nef centrale. - *The central nave*

Le trône et le dais épiscopal. - *Throne and episcopal dais*

Les verrières du haut. - *Stained glass windows at the top*

La chapelle commémorative Monseigneur Laval. - *Monsignor Laval Commemorative Chapel*

La crypte funéraire. - *The funeral crypt*

Le sanctuaire Notre-Dame-du-Cap, à Cap-de-la-Madeleine. - *Notre-Dame-du-Cap Sanctuary at Cap-de-la-Madeleine*

Son architecture et ses lignes résolument modernes pourraient faire penser que Notre-Dame-du-Cap est un lieu de culte récent. Mais il n'en est rien. La première chapelle érigée sur les lieux date de 1659. Il faudra cependant attendre trois siècles pour voir la construction de la basilique actuelle.

Bâti dans un site exceptionnel, au confluent du fleuve Saint-Laurent et de la rivière Saint-Maurice et à mi-chemin entre Montréal et Québec, le sanctuaire Notre-Dame-du-Cap est un havre de paix entouré de magnifiques jardins. Lieu de pèlerinage attirant des milliers de fidèles chaque année, c'est le plus important sanctuaire marial en Amérique du Nord.

L'histoire de Notre-Dame-du-Cap commence en 1635 avec l'arrivée du premier missionnaire, Jacques Buteux, qui fonde Trois-Rivières avant de subir le martyre aux mains des Iroquois. À une première chapelle de bois érigée en 1661 succède en 1714 une chapelle en pierre. Elle deviendra plus tard le petit sanctuaire dédié à la Vierge Marie, qui se dresse toujours au milieu du parc. À l'intérieur, la statue miraculeuse qui inspira la dévotion de la population et la construction du sanctuaire se dresse au-dessus de l'autel.

En 1873, la population de Cap-de-la-Madeleine dépasse le millier d'habitants. La petite église de pierre est trop petite et le curé Désilets

Le lac Sainte-Marie. - *Lake Sainte-Marie*

envisage la construction d'une plus grande. Pour cela, il faut aller chercher les pierres sur la rive sud. Cependant, l'hiver 1878-1879 est doux et le fleuve ne gèle pas. Bien que les paroissiens se réunissent tous les dimanches pour dire le chapelet, janvier et février passent, et le fleuve ne gèle toujours pas. Au début de mars, le curé Désilets fait le vœu de conserver la petite église, condamnée à la démolition, et de la consacrer à la Vierge Marie si le temps se fait favorable à la réalisation de ses projets.

Le 16 mars, un pont de glace se forme, reliant les deux rives et permettant pendant une semaine le transport des pierres. Le dernier chargement passé, le pont que les paroissiens ont baptisé le «pont des chapelets» s'écroule. C'est le premier miracle attribué à Notre-Dame-du-Cap. Le «prodige des yeux» est le deuxième.

The clean lines and modern architecture of Notre-Dame-du-Cap belies the fact that this place of worship dates back to 1659 when the first chapel was built. It would be another three centuries however, before today's basilica would see the light of day.

Notre-Dame-du-Cap Sanctuary is beautifully located at the crossroads of St. Lawrence and Saint-Maurice rivers, midway between Montréal and Québec City. A haven of peace surrounded by magnificent gardens, this pilgrimage site is the largest Marian sanctuary in North America, attracting thousands of faithful every year.

The history of Notre-Dame-du-Cap dates back to the arrival, in 1635, of the first missionary, Jacques Buteux who founded Trois-Rivières before being martyred by the Iroquois. The first chapel was built of wood in 1661. It was followed in 1714 by the stone chapel that would later become the small sanctuary dedicated to Mary which now graces the heart of the park. Inside, the miraculous statue that inspired the devotion of the people and the construction of the sanctuary stands above the altar.

In 1873, the population of Cap-de-la-Madeleine had grown to more than 1,000. The small stone church having become too small, Father Désilets, the parish priest, wanted to build a larger one. This involved transporting stones from the south shore. Unfortunately, the winter of 1878-79 was a mild one and the river wouldn't freeze over. Though the parishioners came together every Sunday to recite the rosary, January came and went, then February. The river still had not frozen. In early March, Father Désilets vowed to preserve the small chapel which had been slated for demolition, and dedicate it to the Virgin Mary, if the weather cooperated with his plans.

On March 16th, a bridge of ice formed, linking the two shores, and for one week, it was possible to haul the stones. Once the last load had crossed, the bridge which the parishioners had dubbed "the bridge of rosaries" crumbled. It was the first miracle attributed to Notre-Dame-du-Cap. The second was the miracle of the eyes.

Le 22 juin 1888, le curé Désilets consacre le sanctuaire à la Vierge. Ce même soir, alors qu'il est en train de prier dans la petite chapelle avec deux autres fidèles, les trois hommes voient la statue de la Vierge ouvrir les yeux. L'annonce de ce nouveau miracle attire les fidèles de toutes parts, d'abord du Québec, bientôt du monde entier. Il faut donc agrandir puis, éventuellement, construire un nouveau temple. La basilique actuelle est inaugurée en 1964.

L'œuvre de l'architecte Adrien Dufresne a nécessité des prouesses d'ingénierie lors de sa construction. Il fallut en effet creuser 30 m sous terre afin d'ancrer les 195 piliers qui soutiennent le puissant édifice de forme octogonale. À l'intérieur, où les couleurs de la Vierge bleu et or prédominent, aucune colonne ne vient obstruer la vue des quelque 1 600 personnes qui peuvent y prendre place.

L'orgue Casavant, qui occupe le fond de la basilique, est un des plus grands au pays, avec 5 544 tuyaux et 75 jeux. Des concerts sont donnés chaque après-midi.

Uniques en Amérique du Nord, les superbes vitraux sont de la main du maître verrier, Jan Tillemans, un oblat hollandais qui les réalisa selon la tradition médiévale. Après avoir passé l'année 1956 à s'imprégner de la lumière du Cap-de-la-Madeleine, il mit un autre 10 ans pour réaliser ces tableaux de lumière aux lignes stylisées. Chaque vitrail, constitué d'une rosace de 8 m de diamètre et de cinq lancettes, représente un thème particulier : les saints patrons du Canada, les pionniers, des scènes de la vie du Christ et de l'Évangile, le mystère du rosaire et l'histoire de Notre-Dame-du-Cap.

On June 22, 1888, Father Désilets dedicated the sanctuary to the Blessed Virgin. That same evening, while praying in the small chapel with two others, the three men saw the statue of Mary open its eyes. Word of the new miracle brought pilgrims, first from Québec and soon, from the world over. The new church had to be expanded, and eventually, a new temple of worship had to be built. The current basilica was inaugurated in 1964.

Designed by architect Adrien Dufresne, its construction involved feats of engineering. Indeed, it was necessary to dig 30 metres into the ground to anchor the 195 pillars that support the impressive octogonal building. Inside, where the blue and gold colours of Mary dominate the decor, there are no columns to block the view of the 1,600 people who can be accommodated.

The Casavant organ at the back of the basilica is one of the largest in the country, with 5,544 pipes and 75 stops. Concerts are performed every afternoon.

The magnificent stained glass windows, unique in North America, were produced according to medieval tradition by master-artisan Jan Tillemans, a Dutch Oblate father. He spent a full year soaking in the light of Cap-de-la-Madeleine, then took another ten years to produce these stylized works of light. Each stained glass artwork, featuring a rose window measuring eight metres in diametre and five lancets, has a specific theme: the patron saints of Canada, the pioneers, scenes from the life of Christ and the Gospels, the mystery of the rosary and the history of Notre-Dame-du-Cap.

Le transept nord, représentant les mystère du rosaire.
The northern transept showing the mysteries of the rosary

Le petit sanctuaire. - *The small sanctuary*

La statue miraculeuse du sanctuaire.
The sanctuary's miraculous statue

Le pont des chapelets. - *The Bridge of the Rosaries*

Le chemin de croix. - *The way of the Cross*

Le vaste parc qui entoure la basilique est un lieu de recueillement et de prière pour les pèlerins. On y pénètre par le pont des chapelets, construit en 1924, pour rappeler le pont de glace de l'hiver 1879. Passé le lac Sainte-Marie au milieu duquel se dresse une statue toujours bien fleurie, on aboutit à un chemin de croix construit entre 1913 et 1916 sur le modèle de la Via Dolorosa, à Jérusalem. Il mène à une réplique du Calvaire qui, comme celle du saint sépulcre non loin, fut érigé à l'initiative du père Frédéric, un des témoins du «prodige des yeux». Dans une autre section du parc, 15 statues de bronze représentent les mystères du rosaire.

Le fleuve qui coule à ses côtés, les grands arbres de son parc et la simplicité des lieux portent à la contemplation et à la réflexion. C'est un site véritablement touché par la grâce.

The large park surrounding the basilica is a place of contemplation and prayer for pilgrims. It is accessed by the Bridge of the Rosaries built in 1924 to commemorate the ice bridge of the winter of 1879. Beyond Lake Sainte-Marie, at the heart of which a statue of Mary stands amidst the flowers, pilgrims come to a Way of the Cross built between 1913 and 1916. Patterned after the Via Dolorosa in Jerusalem, it leads to a replica of Calvary which, like the nearby reproduction of the Holy Sepulchre, was an initiative of Father Frederic, one of the men who witnessed the miracle of the eyes. In another area of the park, fifteen bronze statues represent the mysteries of the rosary.

The river which flows by, the park's large trees and the simplicity of the site lend themselves to contemplation and reflection. It is a truly grace-filled retreat.